DES AUTORISATIONS

ET

DES CONTRATS

PORTANT CONCESSION EN CE QUI CONCERNE

L'ÉCLAIRAGE AU GAZ DANS LES VILLES

PAR

R. TOUTAIN

PROFESSEUR DE DROIT ADMINISTRATIF A LA FACULTÉ DE DROIT DE CAEN

PARIS

BERGER-LEVRAULT ET Cⁱᵉ, LIBRAIRES-ÉDITEURS

5, RUE DES BEAUX-ARTS, 5

MÊME MAISON A NANCY

1882

DES AUTORISATIONS

ET

DES CONTRATS

PORTANT CONCESSION EN CE QUI CONCERNE

L'ÉCLAIRAGE AU GAZ DANS LES VILLES

PAR

R. TOUTAIN

PROFESSEUR DE DROIT ADMINISTRATIF A LA FACULTÉ DE DROIT DE CAEN

PARIS

BERGER-LEVRAULT ET Cie, LIBRAIRES-ÉDITEURS

5, RUE DES BEAUX-ARTS, 5

MÊME MAISON A NANCY

—

1882

(*Extrait de la* REVUE GÉNÉRALE D'ADMINISTRATION)

AUTORISATIONS ET DES CONTRATS PORTANT CONCESSION

EN CE QUI CONCERNE L'ÉCLAIRAGE AU GAZ DANS LES VILLES

Actuellement presque toutes les communes ayant quelque importance en France sont dotées de l'éclairage au gaz.

En fait, le gaz est produit par une usine construite et exploitée par un concessionnaire; il est distribué à l'aide de conduites ou canalisations qui sont établies dans la plupart des rues de la ville. De ces canalisations partent des branchements plus ou moins nombreux qui alimentent, les uns, l'éclairage public de la ville et les édifices affectés aux services publics, les autres l'éclairage des particuliers. Le prix du gaz est fixé à un chiffre déterminé en ce qui concerne la ville, et, ordinairement, un autre chiffre est adopté, au moins comme chiffre maximum, vis-à-vis des particuliers. La durée de la concession est habituellement assez longue, trente, quarante ans, quelquefois davantage. A la fin de la concession les travaux et canalisations sont le plus souvent acquis à l'avance à la ville, soit gratuitement, soit à dire d'experts.

Quelle est la valeur juridique de cette organisation de l'éclairage au gaz dans les diverses rues et places publiques d'une ville ? Les concessionnaires qui sont en possession de cette industrie pourraient-ils craindre d'être lésés par de nouvelles concessions ou autorisations qui seraient accordées à d'autres industriels, soit par l'État ou par le département en ce qui concerne les rues faisant suite aux routes nationales ou départementales, soit par la ville elle-même qui permettrait ainsi une concurrence plus ou moins redoutable aux intérêts du concessionnaire primitif ?

Cette question est déjà née dans plusieurs centres importants, notamment à Tours et à Amiens. Elle peut être soulevée dans d'autres villes. Un arrêt rendu le 20 mars 1882 par la cour d'Orléans a proscrit la réclamation formée par une compagnie contre une autre compagnie pour concurrence illicite, et cette décision récente a suscité des préoccupations sérieuses. On en trouve la trace dans plusieurs journaux s'occupant spécialement de l'industrie du gaz.

Sans vouloir formuler une solution générale et absolue à cause de la variété qui peut exister dans la situation des diverses entreprises exploitant l'éclairage au gaz, nous croyons cependant pouvoir exposer notre opinion, sur cette thèse, de la manière suivante :

A notre estime, il y a lieu de distinguer :

1° Le cas où une compagnie a simplement obtenu du maire de la commune le droit d'établir des canalisations et conduites pour le gaz dans les voies et places publiques ;

2° Et le cas tout différent où la compagnie a traité avec la commune en vertu d'une délibération du conseil municipal régulière. Dans le premier cas, il y a une autorisation qui émane uniquement du pouvoir de police appartenant au maire comme magistrat municipal. Dans le second cas, il y a traité et contrat émanant du droit d'administration de la commune, lequel droit appartient au conseil municipal et non au maire qui n'agit plus, en signant la convention, que comme le mandataire et l'exécuteur des délibérations dudit conseil municipal.

Examinons ce qui devra se passer dans l'une et dans l'autre de ces deux hypothèses.

I. — D'après les articles 10 et 11 de la loi du 18 juillet 1837 « le maire est chargé de la police municipale, de la police rurale et de la voirie municipale ;

« Il prend des arrêtés à l'effet d'ordonner les mesures locales sur les « objets confiés par les lois à sa vigilance et à son autorité. » Or, d'après l'article 3 de la loi des 16-24 août 1790, titre XI, « les objets de po-« lice confiés à la vigilance et à l'autorité des corps municipaux (ce qui « correspond aux maires actuels) sont : 1° tout ce qui intéresse la sûreté « et la commodité du passage dans les rues, quais, places et voies pu-« bliques, ce qui comprend le nettoiement, *l'illumination*, l'enlève-« ment des encombrements, etc., etc. »

Le maire peut donc incontestablement, dans un intérêt de police, réglementer l'éclairage public de la commune et par suite accorder à telle ou telle compagnie l'autorisation de placer les conduites, canalisations et installations nécessaires.

Mais cette autorisation n'étant qu'une mesure de police, n'a rien d'ir-révocable ni de perpétuel. Il peut donc arriver, et il est en effet arrivé qu'à diverses reprises, des autorisations de ce genre ont été soit reti-rées, soit modifiées d'une façon plus ou moins grave. Nous ne voulons pas dire, cependant, que les autorisations de ce genre sont absolu-ment livrées au pouvoir discrétionnaire du maire. Il est évident que si, sans un motif plausible, le maire révoque arbitrairement une conces-sion de ce genre, l'intéressé lésé par cette révocation pourra se plain-dre par la voie administrative devant le préfet et ensuite, s'il y a lieu, devant le ministre. Mais comme l'autorisation n'émane que du pouvoir de police appartenant à l'administration, elle n'engendre pas un droit véritable. Par suite la partie intéressée n'aurait aucun recours par la voie contentieuse devant le Conseil d'État et elle ne pourrait pas davan-tage demander des dommages et intérêts à la commune. En effet, le maire investi du droit de police a agi régulièrement. La commune n'est nul-lement engagée par lui, à ce point de vue. Donc, elle ne doit aucune indemnité. On peut consulter utilement en ce sens plusieurs décisions du Conseil d'État, précisément dans des espèces où il s'agissait d'auto-risations accordées pour l'éclairage au gaz. (Décrets du 2 mai 1861, Gaz de Londres contre la ville de Marseille, *Recueil* 1861, p. 310 ; du 15 juin 1864, Ployer, *Recueil* 1864, p. 569 ; du 14 janvier 1865, Ville de Marseille, *Recueil* 1865, p. 57.) L'arrêt de la cour d'Orléans du 20 mars 1882 paraît rendu dans une hypothèse de ce genre, car on y lit à plu-sieurs reprises que la compagnie d'éclairage de Tours avait traité avec le maire, avec le magistrat municipal de cette ville qui avait agi uni-quement en vertu de son droit de police.

Il n'est nullement fait mention dans cet arrêt d'un contrat quelcon-que passé avec la ville de Tours, laquelle ne figure même pas au pro-cès intervenu uniquement entre deux sociétés titulaires d'autorisations paraissant émaner également du maire.

Il est vrai que le journal *le Gaz* fait suivre cet arrêt de vives criti-ques dans lesquelles il paraît supposer qu'il y avait un contrat avec la ville ; mais ce point ne ressort nullement du texte de l'arrêt.

II. — Plaçons-nous maintenant dans la seconde hypothèse, celle où il y a eu convention arrêtée régulièrement entre une commune en vertu d'une délibération du conseil municipal et un entrepreneur, soit un particulier, soit une compagnie pour l'éclairage au gaz.

Dans ce cas nous pensons qu'évidemment cette convention fait la loi des parties ; que la commune est légalement et valablement liée ; que si elle s'avisait de vouloir rompre cette convention ou y porter une atteinte quelconque, elle ne le pourrait pas. L'entrepreneur ferait respecter son droit par une action devant la juridiction contentieuse et en tous cas il obtiendrait certainement la réparation de tout le préjudice qui lui serait causé. En effet, d'après l'article 19 de la loi du 18 juillet 1837, le conseil municipal délibère sur toutes les recettes et dépenses intéressant la commune ; or le service de l'éclairage constitue certainement une dépense essentielle dans une commune ayant quelque importance. Soit que la commune entreprenne elle-même l'organisation de l'éclairage, soit qu'elle ait recours à l'intermédiaire d'un entrepreneur, il y a là une opération très-intéressante pour elle et pour ses habitants. Cette opération est bien plus qu'une simple mesure de police ; elle ne regarde pas seulement la sécurité de la circulation ; elle peut tendre à des résultats considérables pour la prospérité de diverses industries. Bien plus, il peut arriver que la ville elle-même en retire un profit, soit actuel, si elle se réserve une partie des bénéfices, soit futur, si elle stipule qu'à la fin de l'entreprise les travaux faits lui profiteront.

Il y a une très-grande analogie entre le service de l'éclairage au gaz et le service de la distribution des eaux qui, lui aussi, peut être organisé soit directement, soit par voie d'entreprise ou de concession. Or, l'article 31 de la loi du 18 juillet 1837 s'occupe des concessions d'eau en les considérant comme pouvant produire des recettes communales entrant dans le budget ordinaire. Elles pourraient également être considérées comme dépenses le cas échéant. La loi du 24 juillet 1867 ne paraît pas avoir modifié en cette matière celle du 18 juillet 1837 ; peut-être pourrait-on soutenir, cependant, que l'article 1er, § 5, relatif aux droits à percevoir pour permis de stationnement ou *de location* sur les rues, places et autres lieux dépendant du domaine public communal, a donné au conseil municipal une indépendance plus grande encore en lui permettant de statuer réglementairement d'accord avec le maire, et ce, sans l'approbation du préfet.

Nous pensons donc qu'en vertu des lois organiques municipales, la commune est engagée valablement par le traité qui intervient entre elle et la compagnie qui entreprend le service de l'éclairage. Les clauses de ce traité ont, par suite, l'autorité juridique résultant de la convention. Et la jurisprudence, soit du Conseil d'État, soit de la

Cour de cassation, nous paraît justifier péremptoirement cette conclusion.

Un décret du 6 décembre 1855 (*Recueil* 1855, p. 715) juge que le maire d'une commune a pu, mais seulement une fois le marché pour l'éclairage public expiré, retirer les autorisations de police par lui données pour la pose des tuyaux et conduites sous le sol de la commune.

Cette décision est parfaitement adéquate avec tout ce qui précède. En effet, une fois le marché dissous par le terme fixé, il n'y a plus de contrat. Dès lors le pouvoir de police du maire s'exerce sans aucune objection possible. Un autre décret du 27 mars 1856 (Grenoble ; *Recueil* 1856, p. 233) statue dans une espèce semblable.

Lors du décret du 14 janvier 1865 (ville de Marseille) que nous avons cité plus haut, M. Aucoc, commissaire du Gouvernement, a donné des conclusions très-développées, où il reconnaît que la ville de Marseille n'était point engagée *par un traité*, qu'il n'y avait dans l'espèce qu'une simple autorisation de police. De ces conclusions il se dégage, avec beaucoup de netteté, cette conséquence que si le réclamant eût pu invoquer un véritable contrat, la solution eût été opposée.

Nous pouvons encore citer un arrêt du 15 mai 1874 (*Recueil* 1874, p. 434). Dans cette dernière espèce il y avait un traité conférant à une compagnie le droit exclusif d'établir des tuyaux pour la conduite du gaz dans un périmètre déterminé.

La ville de Lille avait permis à une autre compagnie d'établir également des tuyaux, mais, *circonstance essentielle*, pour conduire le gaz dans *un autre périmètre*. On a jugé que la première compagnie n'avait point à se plaindre par ce motif décisif qu'elle n'avait de droit exclusif, que pour conduire le gaz dans un périmètre spécifié, et que dès lors, en dehors de ce périmètre, la ville n'était pas liée. Cette décision suppose évidemment encore le caractère obligatoire du traité dans les limites de la concession. — De même encore un arrêt du 14 février 1879 (ville de Melun ; *Recueil* 1879, p. 125) décide qu'à l'expiration d'un traité la ville a pu traiter avec un nouveau concessionnaire, ce qui implique que jusqu'à cette époque le même pouvoir ne lui eût pas appartenu.

Il existe encore bien d'autres décrets rendus à l'occasion soit de l'interprétation, soit des difficultés d'exécution que présentent les traités sur l'éclairage au gaz, et *nulle part* nous n'avons vu surgir la prétention de la part des villes, de vouloir se délier d'engagements valablement

contractés. Cette prétention serait d'ailleurs contraire non-seulement au droit, mais encore à l'intérêt bien entendu des communes. Car si une municipalité pouvait briser impunément les clauses d'une convention loyalement arrêtée, elle perdrait tout crédit. Nul, soit pour le gaz, soit pour l'eau, soit pour les différents services utiles au domaine communal, ne voudrait s'engager d'une manière aussi aléatoire.

La jurisprudence de la Cour de cassation, comme celle du Conseil d'État, décide que les communes sont soumises *au droit commun des contrats*. Un arrêt récent du 3 mai 1881 (Sirey, 1882, 1, 172) proclame énergiquement l'application des articles 1134, 1719, 1628 du Code civil. Il s'agissait dans l'espèce de la mise en adjudication des droits de pesage, mesurage et autres, et au mépris de *ce traité*, la commune avait accordé plusieurs permissions malgré le monopole concédé. La cour d'Aix et ensuite la Cour suprême ont maintenu les droits résultant du contrat.

Maintenant, quelles sont les objections que l'on pourrait proposer contre notre conclusion ?

On nous a signalé trois objections possibles : nous allons les examiner successivement.

1° Les rues et places publiques d'une ville, faisant partie du domaine public, sont inaliénables, et dès lors toute concession les concernant est révocable sans indemnité.

2° Tout au moins, la concession est nulle relativement aux rues et places dans le domaine de la grande voirie, et l'État ou le département auraient le droit de s'opposer à l'exécution du traité passé avec la commune et de délivrer des permissions à d'autres compagnies pour tout le périmètre de la grande voirie.

3° Enfin la concession est également nulle et révocable comme contraire au principe de la liberté de l'industrie et comme constituant un monopole interdit par la loi.

Nous croyons que ces trois objections sainement appréciées sont sans aucun fondement.

D'abord le principe de l'inaliénabilité du domaine public communal n'est nullement en question dans une entreprise de cette nature. Les rues et places publiques restent inaliénables et imprescriptibles pendant le traité comme auparavant ; mais il n'est nullement interdit à la commune d'utiliser le sous-sol desdites voies, soit pour la circulation du gaz, soit pour celle des eaux, soit même pour tout autre usage d'intérêt

général. On a même admis l'utilisation des voies publiques à la super-
ficie pour des tramways. Les choses du domaine public sont affectées à
l'intérêt communal ; or, cette affectation se réalise nécessairement par
des aménagements divers. Loin de constituer des aliénations, ces opé-
rations ne sont au contraire que l'usage intelligent et rationnel des
éléments du domaine. Les permis de stationnement, les droits de
place ou de location sont prévus par la loi du 18 juillet 1837 et par
la loi du 24 juillet 1867. L'utilisation des choses du domaine public
est d'ailleurs et a toujours été pratiquée, et l'objection ne tendrait
rien moins qu'à essayer de rendre précaires toutes les installations
aujourd'hui innombrables qui ont été organisées dans l'intérêt des
grandes villes.

Il faut donc écarter sans hésitation cette première objection.

La seconde paraît tout d'abord plus spécieuse. L'État n'est pas partie
au traité intervenu entre la ville et la compagnie. Donc ce traité lui est
inopposable. D'ailleurs, ajoute-t-on, la grande voirie ne dépend pas du
domaine public communal. Donc la ville n'a pu prendre aucun enga-
gement valable pour les conduites et canalisations dans les rues et places publiques dépendant de la grande voirie.

Cette objection repose tout entière sur un point de départ qu'elle
suppose incontesté, à savoir, que les rues et places publiques dépendant de la grande voirie seraient absolument en dehors de l'administration communale. Or, ce serait là une erreur considérable. Les rues
et places publiques qui dépendent de la grande voirie, et que l'on
appelle les rues traverses, sont forcément dans une situation *mixte*
pour ainsi dire. Leur administration est confiée tout à la fois et à l'autorité supérieure qui personnifie l'État, et à l'autorité qui représente
l'intérêt communal. En même temps que la rue traverse est la conti-
nuation de la route nationale, elle est aussi une rue, une voie pour la
commune. Il peut également arriver que la rue traverse soit située
sur le parcours d'une route départementale, en sorte que, au point de
vue du département, elle se rattache au domaine public du département, tandis qu'au point de vue de la ville elle est matériellement une
partie de la voirie urbaine.

Cette situation mixte et complexe des rues traverses est bien connue
en droit administratif et elle a donné lieu à de nombreuses questions
soit en ce qui concerne les contraventions de voirie, soit en ce qui concerne les alignements, les expropriations, les conséquences du déclas-

sement, etc., etc. Nous n'avons pas à entrer dans l'examen de ces différents aperçus.

Selon nous, la solution de l'objection doit résider dans la nature même de l'intérêt général auquel correspond le traité relatif à l'éclairage au gaz. Du moment que cet intérêt général est étranger à la route comme élément de la grande voirie, et que tout au contraire il est applicable à la rue comme élément de la voirie urbaine, le traité qui est intervenu a été valablement passé avec la commune.

Or, tandis que la loi des 16-24 août 1790 range dans l'administration municipale ce qui concerne l'éclairage des rues, il n'existe rien de pareil quant aux grandes routes qui, en fait, ne sont pas ordinairement éclairées.

L'État, ni le département n'auraient donc pas qualité, à notre estime, pour intervenir dans une question de cette nature, l'intérêt engagé étant un intérêt communal. Bien entendu nous réservons absolument le cas où l'État ou le département soutiendraient que les travaux nuisent à la route en tant que route. Alors, en effet, reparaîtrait le droit de police protecteur de la grande voirie. Mais au point de vue de l'éclairage considéré en lui-même, c'est là un accessoire et en quelque sorte un apanage de l'administration des voies publiques formant l'ensemble de la ville, et dès lors l'objection que nous examinons doit être écartée. Si elle était vraie, elle produirait un singulier résultat en ce qui concerne la ville de Paris. On sait en effet que les rues de Paris sont dans le domaine de la grande voirie. Et cependant les traités pour l'éclairage au gaz ont été passés, non avec l'État, mais avec l'administration municipale parisienne, ce qui prouve bien qu'il s'agit là d'une question essentiellement communale et nullement d'un intérêt domanial ou départemental.

Ajoutons d'ailleurs, en fait, que ni l'État, ni le département n'ont d'intérêt sérieux à intervenir dans la question de l'éclairage. Il leur faudrait en effet, ou bien laisser ces rues traverses, qui sont toujours les voies principales, dans l'obscurité, ce qui serait une solution négative et absurde, ou bien organiser des canalisations par fragments et par tronçons et cela avec une complication étrange de formalités. Il faudrait s'adresser au préfet ou au ministre pour les voies à la suite des routes nationales, au conseil général pour les voies à la suite des routes départementales. Dans une même ville, alors, il y aurait trois réseaux, l'un pour l'État, l'autre pour le département, l'autre pour la ville. Les formalités, la surveillance, les comptabilités, les dépenses d'administration, tout serait triplé, et le service arriverait à manquer de la condition la plus essentielle, à savoir, l'unité de direction. Nous n'avons pas besoin d'insister plus longtemps sur cette considération. Elle est décisive [1].

---

[1]. Une circulaire toute récente de M. le ministre des travaux publics (22 juin 1882) paraît accueillir, en droit, l'objection que nous repoussons.

Cette circulaire pose en principe que les villes *ne peuvent* accorder la concession en ce qui concerne le domaine de la grande voirie. S'il en était ainsi, l'administration supérieure aurait donc le pouvoir de faire enlever toutes les canalisations soit à Paris, soit dans les rues principales de toutes les grandes villes ! Or la circulaire n'indique pas *cette conséquence*, qui, si elle était appliquée, provoquerait sans doute une perturbation énorme dans l'industrie du gaz. M. le ministre des travaux publics en conclut *seulement* que l'administration conserve toute liberté d'action à l'égard des demandes en autorisation de poser des tuyaux de conduite qui peuvent lui être adressées, et il recommande aux préfets d'agir *avec la plus grande circonspection* et de *réserver* à l'administration supérieure le soin de statuer sur les demandes présentées *par les compagnies rivales* des sociétés concessionnaires. Ainsi, on devra prendre l'avis des ingénieurs et provoquer une délibération du *conseil municipal* faisant connaître *s'il consent ou non* à ce que la permission réclamée soit accordée.

L'admission de ces divers tempéraments prouve bien qu'il s'agit d'un intérêt principalement *communal* et que l'administration supérieure en comprend toute l'importance. La circulaire ne s'occupe pas des rues traverses faisant suite aux routes départementales, ni de l'intervention du conseil général qui serait cependant nécessaire, si le principe de droit était absolument exact.

Nous croyons qu'il faut conclure de là que si, pour la forme, l'autorité supérieure paraît réserver son droit sur la grande voirie, cette réserve, qui est exacte en tant qu'il s'agit de la police de la route comme route, ne l'est plus en tant qu'il s'agit de l'éclairage de la ville. Et en fait il nous paraît vraisemblable que l'administration supérieure n'interviendra pas dans les concessions accordées par les villes afin de faire opérer une division par réseaux qui, la plupart du temps, serait impraticable.

Voici au surplus le texte même de la circulaire :

« Paris, le 22 juin 1882.

« Monsieur le Préfet, j'apprends que des particuliers ont été autorisés à établir dans plusieurs villes, sous le sol des routes nationales, des canalisations pour faire concurrence aux compagnies concessionnaires de la fourniture d'eau ou de l'éclairage au gaz. Ces autorisations ont donné lieu à de vives protestations de la part desdites compagnies, qui prétendent que de semblables permissions, contraires au droit et à l'équité, portent atteinte au privilège dont elles jouissent et ne sauraient être accordées sans exposer l'Administration au reproche de favoriser une concurrence préjudiciable aux intérêts bien entendus des populations et des villes.

« Me plaçant au point de vue des principes, je crois devoir rappeler, Monsieur le Préfet, qu'en concédant un monopole d'éclairage ou d'alimentation d'eau, les villes ne peuvent engager que leurs droits et que le privilège accordé ne s'étend pas au domaine de la grande voirie. L'Administration conserve donc sa pleine et entière liberté d'action à l'égard des demandes en autorisation de poser des tuyaux de conduite qui peuvent lui être adressées.

« Je reconnais toutefois qu'il peut y avoir, dans certains cas, des inconvénients

Reste enfin la dernière objection basée sur le principe de la liberté de l'industrie.

D'abord, en ce qui concerne l'éclairage public des rues et places publiques, ce principe ne peut pas être invoqué. Il est bien évident que le conseil municipal a qualité pour traiter avec un seul entrepreneur soit pour l'éclairage de la ville, soit pour tout autre travail public.

Reste la question de l'éclairage pour les particuliers. Il suffit de bien préciser la situation pour dissiper la confusion que l'on voudrait tenter à cet égard.

Les communes ne peuvent interdire et n'interdisent pas aux particuliers d'organiser leur éclairage en s'adressant à des industriels autres que la compagnie concessionnaire. Il n'est pas douteux, par exemple, qu'une usine, une manufacture pourrait produire elle-même le gaz nécessaire à ses besoins. Bien plus, en principe, une usine à gaz nouvelle pourrait toujours être fondée et rien ne l'empêcherait de fournir du gaz à tels ou tels consommateurs.

Il est très-vrai que cette usine ne pourra pas utiliser les voies publiques pour placer des canalisations en concurrence avec la compagnie qui a traité valablement avec la commune, et qu'en fait cette circonstance nuira d'une manière considérable au développement de ses relations. Mais cette restriction est parfaitement légitime. L'utilisation des

---

à permettre l'établissement de canalisations pour faire concurrence aux compagnies concessionnaires de l'éclairage au gaz ou de la fourniture d'eau. L'Administration ne doit pas, en effet, paraître se prêter à ce que des tiers, sur lesquels ne pèse aucune des charges imposées aux sociétés privilégiées, puissent compromettre l'économie des conventions passées entre elles et les villes.

« Il convient d'ailleurs de remarquer que les permissions de poser des conduites d'eau ou de gaz sortent de la catégorie des permissions ordinaires de grande voirie concernant les riverains des routes. Ces dernières n'ont pour objet que des intérêts absolument privés, tandis que les premières affectent des intérêts généraux et peuvent apporter des entraves à la circulation, en raison de la fréquence des remaniements de chaussée qu'entraine nécessairement la multiplicité des canalisations.

« J'estime donc, Monsieur le Préfet, que, dans ces sortes d'affaires, il y a lieu d'agir avec la plus grande circonspection et de réserver à l'Administration supérieure le soin de statuer sur les demandes présentées par les compagnies rivales des sociétés concessionnaires. En conséquence, lorsque vous serez saisi de demandes semblables, vous voudrez bien me les adresser, avec votre avis, celui de MM. les ingénieurs et une délibération du conseil municipal faisant connaître s'il consent ou non à ce que la permission réclamée soit accordée.

« Recevez, etc.

« *Le Ministre des travaux publics,*

« H. VARROY. »

choses du domaine public exclut nécessairement, dans certains cas, la concurrence parce que précisément il peut arriver que ces deux résultats soient inconciliables. Ainsi, on ne s'avisera pas de concéder un théâtre municipal ou bien l'exploitation d'un chemin de fer communal à deux entreprises concurrentes. Il pourra en être de même d'un tramway, d'une entreprise de distribution des eaux, en un mot de toute espèce d'industrie exigeant l'emploi de tel ou tel des éléments du domaine public de la commune. La liberté de l'industrie vis-à-vis des particuliers subira en cette matière comme en toutes autres l'influence des circonstances les plus diverses. Il suffit qu'en principe elle ne soit pas détruite totalement, pour que l'objection proposée disparaisse.

Il faut donc, ici encore, appliquer l'idée dominante sur laquelle repose en entier notre démonstration : c'est que le conseil municipal a qualité pour apprécier et réglementer les intérêts de la commune au point de vue de la généralité des habitants ; qu'il a l'administration des choses du domaine public considérées, non pas quant à leur police, mais quant à leur utilisation permise par les lois et règlements ; que, par suite, il use légitimement de ce pouvoir et engage juridiquement la commune en autorisant ou en ratifiant un traité synallagmatique organisant l'installation et l'exploitation du gaz suivant telles ou telles conditions dans l'intérêt réciproque de la commune et de l'entrepreneur. Ce contrat étant légalement formé constitue *le droit acquis* et non une simple permission d'un caractère précaire. Dès lors la compagnie concessionnaire ne pourrait être dépossédée en tout ou en partie des avantages qui lui ont été ainsi garantis et, si l'une ou l'autre de ces circonstances se produisait, elle aurait certainement le droit d'obtenir devant la juridiction contentieuse une légitime et complète indemnité.

Nancy, imprimerie Berger-Levrault et Cie.

LIBRAIRIE ADMINISTRATIVE BERGER-LEVRAULT ET Cie

PARIS, 5, RUE DES BEAUX-ARTS. — MÊME MAISON A NANCY

DICTIONNAIRE

DE

L'ADMINISTRATION FRANÇAISE

PAR

M. MAURICE BLOCK

MEMBRE DE L'INSTITUT

AVEC LA COLLABORATION DE MEMBRES DU CONSEIL D'ÉTAT, DE LA COUR DES COMPTES
DE DIRECTEURS ET CHEFS DE SERVICE DE DIVERS MINISTÈRES, ETC.

NOUVELLE ÉDITION

ENTIÈREMENT REFONDUE, AUGMENTÉE ET MISE A JOUR (1877)

Un volume in-8° de xv-1856 pages, renfermant la valeur de 28 volumes ordinaires
Prix, broché, **30** fr.; relié en demi-chagrin, plats toile, **34** fr. **50** c.

SUPPLÉMENTS ANNUELS

paraissant en novembre, même format que le Dictionnaire.

En vente : I (1878) à IV (1881).

Prix de chaque supplément . . . . **2** fr. **50** c.

REVUE GÉNÉRALE D'ADMINISTRATION

5e ANNÉE. — 1882

Publiée sous les auspices du ministère de l'intérieur, paraissant en 12 livraisons
mensuelles, à partir du 20 janvier de chaque année. — Chaque livraison
comprend 8 feuilles de texte gr. in-8° (128 pages), chaque année forme
3 volumes avec tables et couvertures.

Prix de l'abonnement : Paris : Un an . . . . **30** fr.
Départements et Union postale : Un an . . . . **33** fr.

LIBRAIRIE ADMINISTRATIVE BERGER-LEVRAULT ET Cie

Manuel électoral. Guide pratique de l'électeur et du maire, comprenant les élections municipales, départementales, législatives, etc., par GUERLIN DE GUER, chef de division à la préfecture du Calvados. 1880. Un volume in-12 de 378 pages, broché. **3 fr. 50 c.**
   Relié en percaline. . . . . **4 fr. 50 c.**

Loi sur la liberté de réunion, promulguée le 30 juin 1881, accompagnée d'extraits des délibérations des Chambres et de notes, par GUERLIN DE GUER. 1881. In-12, br. **50 c.**

Petit Dictionnaire d'administration communale, par A. SOUVIRON, chef de division à la préfecture de la Seine. 1880. 1 vol. in-12, broché, 1 fr. 50 c.; relié en percale. **2 fr.**

Guide manuel de l'officier de l'état civil. Instructions pratiques suivies d'un grand nombre de formules, par L. A. LEMPFRIT DE SAINT-VENANT, juge de paix, 1880. In-12, broché. . . . . **1 fr. 50 c.**

Le Ministère des Finances, son fonctionnement, suivi d'une étude sur l'organisation générale des autres ministères, par J. JOSAT, sous-chef de bureau au ministère des finances. Un très fort volume grand in-8° de 1,000 pages, broché. . . . . . . **15 fr.**

De l'Organisation municipale de Paris sous l'ancien régime, par Paul ROBIQUET, avocat au Conseil d'État, 1882. Gr. in-8°, broché. . . . . **1 fr. 50 c.**

Comment se fait la loi, par Alfred BONSERGENT, attaché à la présidence du Sénat. — I. La Constitution. — II. Le Pouvoir exécutif. — III. Le Sénat. — IV. La Chambre des députés. — V. Le rôle éventuel des conseils généraux. — VI. La procédure parlementaire. 1881. In-12, broché. . . . . **1 fr. 50 c.**

Les Conseils de préfecture. Procédure, travaux, législation, par Paul DAUVERT, sous-chef au greffe du conseil de préfecture de la Seine, 1881. Gr. in-8°, broché. **3 fr. 50 c.**

Guide pratique des candidats aux examens de l'administration centrale du ministère des finances, par J. JOSAT, sous-chef de bureau au ministère des finances. 1882. Gr. in-8°, broché. . . . . **3 fr.**

Projet de création d'une caisse de prévoyance des fonctionnaires civils, par Jules LIÉGEOIS, professeur à la Faculté de droit de Nancy. 1881. Gr. in-8°, broché. . **1 fr.**

L'Impôt des prestations, par un ancien agent voyer. 1882. Gr. in-8°. . . . **1 fr. 25 c.**

Les Débits de boissons, par E. GUERLIN DE GUER, chef de division à la préfecture du Calvados. 1884. Gr. in-8°, broché. . . . . **75 c.**

De la Légalisation des signatures par les maires, par H. MORGAND, rédacteur au ministère de l'intérieur. 1881. Gr. in-8°, broché. . . . . **2 fr.**

Du Pouvoir réglementaire, par Camille BAZILLE, avocat à la Cour d'appel de Paris. 1881. Gr. in-8°, broché. . . . . **75 c.**

Les Cloches au point de vue séculier. Attributions des maires, par A. COLAS, secrétaire en chef de la sous-préfecture de Cambrai. 1881. Gr. in-8°, broché. . . . **75 c.**

Le Barreau allemand. Étude sur les *Rechtsanwaelte* (avocats-avoués), d'après la loi d'empire du 1er juillet 1878, par G. FLACH, docteur en droit, notaire à Nancy. 1882. Gr. in-8°, broché. . . . . **2 fr.**

La Loi concernant les aliénés. Mémoire adressé à la Commission chargée d'élaborer un nouveau projet de loi, par J. DE CRISENOY, ancien conseiller d'État, ancien directeur au ministère de l'intérieur. 1882. Gr. in-8°. . . . . **2 fr. 50 c.**

Les Commissions administratives des hospices et des bureaux de bienfaisance, par Louis PUIBARAUD, sous-chef au ministère de l'intérieur. 1884. Gr. in-8°, br. **1 fr. 25 c.**

Les Établissements d'utilité publique, par Élie DE BIRAN. 1882. Gr. in-8°. **1 fr. 75 c.**

Les Institutions nationales de sourds-muets et le ministère de l'intérieur, par Th. DENIS, sous-chef de bureau au ministère de l'intérieur. 1882. Gr. in-8°. **1 fr.**

Principes de l'assistance publique en France. Règles du domicile de secours, par Élie DE BIRAN. 1881. Gr. in-8°, broché. . . . . **75 c.**

Libéralités charitables. Capacité des établissements ecclésiastiques et des bureaux de bienfaisance, par Léon BÉQUET, maître des requêtes au Conseil d'État. 1882. Gr.-8°, broché. . . . . **1 fr. 75 c.**

Les Indigènes algériens (israélites et musulmans) **et l'impôt arabe,** par Camille BAZILLE, avocat à la cour d'appel de Paris, 1882. Gr. in-8°, broché. . . . . . **50 c.**

Nancy, imp. Berger-Levrault et Cie